AF268252

A LA MÉMOIRE

DE

ÉMILE-ALBERT COURBASSIER

Élève de l'École impériale du service de santé militaire,
Aide d'anatomie à la Faculté de médecine de Strasbourg,
Interne des Hôpitaux civils.

DISCOURS

PRONONCÉS LORS DE SON ENTERREMENT

LE 30 AVRIL 1868.

STRASBOURG,

IMPRIMERIE DE JEAN-HENRI-ÉDOUARD HEITZ,
RUE DE L'OUTRE, 5.

—

1868.

Né à Chartres, le 21 mai 1846.

Mort à Strasbourg, le 29 avril 1868.

DISCOURS

PRONONCÉ DANS L'ÉGLISE DU TEMPLE-NEUF

PAR

L. LEBLOIS

PASTEUR.

Qui d'entre nous est resté insensible à la nouvelle du coup douloureux et inattendu, qui a provoqué cette cérémonie funèbre ?

Qui ne se sent profondément ému à la vue de cette famille désolée ; de ce père surtout qui, après une carrière honorablement remplie au service de l'humanité, se voyait revivre dans ses deux fils, tous deux distingués dans la carrière qu'ils avaient choisie ? Après avoir eu la joie de presser sur son cœur l'aîné de ses enfants, revenu d'une expédition lointaine, qui avait coûté tant de sacrifices à la patrie, quelle douleur de voir le plus jeune, resté près de lui, qu'il avait pu entourer de sa sollicitude, succomber à une lente et mystérieuse maladie !

Oui, vénérable père, oui, frère affligé, et vous tous, membres de la famille du défunt, qui, à juste titre, étiez fiers de votre jeune parent, nous nous mettons à votre place, nous compâtissons avec vous, et nos regrets se joignent aux vôtres.

Mais ici, dans cette enceinte, vous avez le droit de demander quelque chose de plus que les condoléances de vos semblables et les sympathies de leurs cœurs. Les témoignages d'affection fraternelle touchent et font du bien, mais ils ne sauraient nous consoler d'une perte aussi cruelle. Il est doux de sentir d'autres cœurs battre à l'unisson du nôtre, mais pour cicatriser les blessures qui nous déchirent l'âme, il faut un baume que l'affection de nos frères ne peut nous donner.

Ce baume existe-t-il ? Et s'il existe, où le trouver ?

S'il existe ? Ceux-là seulement pourraient en douter qui ne connaîtraient point cette source de vie et de force, d'enthousiasme et d'énergie, de grandeur et de sainteté, de lumière et de consolation, que nous appelons la *Religion !*

Je n'ignore pas que le mot de *religion* est loin d'éveiller des échos sympathiques dans tous les cœurs. Je ne m'en formalise point, par la simple raison que je connais les motifs de cette froideur, pour ne pas dire de cette antipathie. Que d'hommes ont été, dès leur jeunesse, habitués à confondre la religion avec l'une des formes terrestres et transitoires qu'elle a revêtues dans la suite des temps, et qui, précisément puisqu'elles sont nées à une époque déterminée, périront infailliblement à une époque déterminée ! L'expérience, l'étude, la méditation leur ont fait reconnaître plus tard ce caractère éphémère. Si donc vous leur parlez de religion, aussitôt ils voient surgir devant leur esprit cette forme, de la fragilité de laquelle ils sont convaincus ; ils songent à telle pratique, à telle cérémonie

que la raison leur a fait considérer comme puérile ou
vaine ; ils se rappellent telle croyance, tel dogme que la
science leur a présenté comme une erreur ou comme une
superstition.

C'est là une confusion regrettable, mais qu'il faut im-
puter, moins à ceux qui la font, qu'à ceux dont l'enseigne-
ment y a donné lieu.

La religion vraie est indépendante, non-seulement des
doctrines et des cérémonies extérieures, elle est indépendante même des Eglises qui se persuadent d'en avoir le
monopole. Puissance invisible, elle ne se laisse arrêter
par aucune barrière, elle ne se laisse enchaîner par aucune forme. Elle est accessible à toute âme humaine, sous
quelque zône, en quelque milieu qu'elle ait vu le jour.
«Le vent souffle où il veut», dit l'Evangile[1], «vous en en-
tendez le bruit, vous en voyez les effets, mais vous ne
savez d'où il vient ni où il va. Il en est de même de tout
homme qui est né de l'esprit,» c'est-à-dire à qui la religion
a ouvert ce sens intérieur, qu'on pourrait appeler l'œil de
l'âme, qui nous fait voir au-dessus de la matière inerte,
l'Esprit qui anime toutes choses ; au-dessus du monde
visible et palpable, le monde spirituel et moral ; au-dessus
de ce vaste univers où nous ne découvrons qu'une succes-
sion perpétuelle de formes qui surgissent pour durer
un temps et sont remplacées par d'autres, l'Être qui
ne change pas, dont la pensée toujours active préside
d'éternité en éternité à la circulation de la matière, soit

(1) Jean III, 8.

sous forme d'astres, dans l'infini de l'espace, soit sous forme d'atòmes, dans les corps organisés.

Sans la religion, que sommes-nous en présence de l'univers? Nous ressemblons à ces hommes, assis dans la caverne de Platon [1], qui voient des ombres passer devant eux, et qui prennent ces ombres pour des réalités. En présence de la mort et du cercueil, nous ne voyons que des images rebutantes : un cadavre rigide, insensible, sur lequel s'acharnent la décomposition et la pourriture, et dont l'aspect révolte la délicatesse de nos sens.

Au-delà, que voyons-nous ? Les ténèbres du néant ! Et quand notre âme est déchirée, notre cœur brisé par ce désolant spectacle, nul rayon de lumière ne vient percer ces ténèbres, nulle force supérieure à la mort ne vien nous relever et nous consoler.

Sous quel autre aspect se présentent les choses, du moment que la religion nous a ouvert les yeux de l'esprit! Ce qui nous frappe alors, ce ne sont plus les formes passagères, c'est l'Etre immuable qui leur donne naissance, l'éternel foyer de toute vie et de tout mouvement. C'est vers lui, dès lors, que nous dirigeons nos pensées et nos cœurs. Nous essayons de bégayer son nom, nous nous le figurons sous une forme limitée, nous le faisons à notre image, nous lui assignons même une demeure spéciale, jusqu'à ce que l'étude de ses œuvres et le développement de notre propre esprit nous révèlent sa grandeur infinie et sa présence universelle.

(1) Œuvres de Platon (Panthéon littéraire), T. I, p. 127.

De bonne heure, notre regretté Albert avait eu le cœur engagé dans cette direction.

Élevé par un père qui avait parcouru l'ancien monde et le nouveau; qui avait rencontré dans ses voyages toutes les formes imaginables de la religion, mais qui avait aussi rencontré partout l'homme avec ses souffrances, l'homme avec ses misères, l'homme avec ses besoins matériels et ses aspirations supérieures; qui avait vu enfin la sollicitude de la Providence s'étendre sur le globe entier, embrasser tous les êtres, donner sa pâture au moucheron de l'Amérique comme à celui de l'Europe, construire l'œil du sauvage aussi merveilleusement que celui de l'homme civilisé; et qui, sous l'influence de cet admirable spectacle, et grâce à son intelligence et à son cœur, avait ouvert son esprit à la conception de la *Religion universelle;* — élevé, dis-je, par un pareil père, le jeune Albert ne pouvait resté fermé à des convictions qui ne sont pas encore celles du grand nombre.

J'ai ici une pièce écrite et signée de sa main, en avril 1861, il y a de cela sept ans. Il sortait alors de l'enfance, n'ayant pas encore atteint sa quinzième année. Voici ce que j'y lis: « Je crois en Dieu, le Dieu vivant et vrai, « créateur de toutes choses, dont l'univers est le temple, « qui remplit tout de sa présence, qui fait luire son soleil « sur les méchants et sur les bons, sur les chrétiens et les « juifs, sur les musulmans et les païens.

« Je promets de lui obéir, quoiqu'il arrive, sans arrière- « pensée, et d'écouter toujours sa voix dans mon inté- « rieur, sans espoir de retirer quelque profit de mon « obéissance.

« C'est ainsi que nous devons aimer et adorer Dieu, à

« l'exemple de Jésus-Christ, et non point comme les
« païens qui adorent Dieu par des pratiques tout exté-
« rieures, en usant de vaines redites, l'adorant comme un
« homme susceptible de passion, et sensible à un vain
« encens brûlé pour sa gloire.

« C'est ici surtout que la vérité est grande à côté de
« l'erreur. Quelle majesté dans l'idée d'un Dieu esprit,
« universel, subtil comme l'air invisible que nous respi-
« rons! Quelle petitesse au contraire dans l'idée d'un
« Dieu, comme celui des anciens, représenté comme un
« homme, participant aux faiblesses humaines, obligé de
« se porter d'un lieu à un autre, pour voir ce qui se
« passe dans l'univers, et assis sur un trône dans les
« cieux, partageant son autorité avec des myriades de
« dieux subalternes chargés de veiller sur les actions des
« hommes! Non, notre Dieu est unique, et remplit à lui
« seul tout l'Univers. Nous sommes toujours en sa pré-
« sence, et nous devons, par conséquent, ne faire que des
« choses justes, droites, loyales, et rendre toujours témoi-
« gnage à la vérité, à l'exemple de Jésus.

« Nous montrerons notre amour pour Dieu, par notre
« amour envers l'humanité. Il faut aimer tous les hommes
« sans distinction de naissance, de religion, de nationa-
« lité; nous consacrer à leur bien, et leur faire en toute
« occasion ce que nous voudrions qu'ils nous fissent. »

Vous le voyez, il pressentait déjà le rapport, d'une part,
entre la connaissance du vrai Dieu et le devoir; de
l'autre, entre cette même connaissance et la fraternité universelle.

Mais voyez aussi comment cette parole de notre cher défunt, en ouvrant nos pensées aux plus hautes conceptions de la religion, nous conduit au foyer même d'où jaillit pour nous la consolation et la sérénité.

Hé quoi, mes frères, un homme, un enfant s'élèverait à la grande idée de l'amour universel, de cette charité sans bornes et sans limites, qui porte à ne dédaigner personne, à ne mépriser personne, mais à contribuer au bonheur de tous! Et Dieu qui a donné à l'homme l'esprit pour concevoir cette idée, et le cœur pour la mettre en pratique, Dieu ne la pratiquerait pas lui-même? Dieu ne nous aimerait pas, ne tiendrait nul compte de nos souffrances et de nos affections? Il nous donnerait, par exemple, un enfant riche d'espérances, pour nous le ravir à vingt-et-un ans, sans autre motif que de nous le ravir? Dieu serait comparable à un tyran cruel, qui dispense et retire ses faveurs au gré de son caprice? Non, jamais une pareille pensée n'aura de crédit sur un esprit raisonnable! L'Être qui est à lui seul l'intelligence souveraine, la providence universelle, l'amour infini, ne peut avoir qu'un but, même dans les coups qui nous paraissent les plus douloureux : et c'est un but de sagesse et d'amour.

Quant à sonder tous les mystères de ses voies, quel homme le pourrait? Qui soulèverait les voiles dont l'histoire des âmes est couverte, quand la science la plus perspicace est muette devant le grand problème de l'histoire des corps?

Une conviction doit nous suffire : Dieu existe. Il a établi dans l'univers un ordre moral aussi régulier, aussi digne d'admiration que l'ordre physique de la nature. Devant lui « tous les cheveux de nos têtes sont comptés »[1], comme aussi nos joies et nos tribulations, nos sourires et nos larmes. Devant lui nul soupir ne se perd, nulle souffrance n'est sans compensation, car la vie de l'âme ne s'arrête point avec les pulsations du cœur. C'est un fleuve sans fin, qui coule d'un monde à l'autre. Le dernier mot de l'homme n'est pas : « *Mort* », c'est : « *Immortalité !* »

Parents affligés de notre jeune frère, reconnaissez cet ordre divin, même en présence de la coupe amère qui vous est offerte. Ne doutez ni de la sagesse ni de l'amour de Dieu à votre égard, et dites-lui avec une entière et fidèle soumission : Père, que *ta volonté* soit faite et non *la nôtre*[2] !

Et vous, mes jeunes amis, condisciples et collègues de notre regretté Albert, qui voyez maintenant derrière vous, comme un rêve, sa courte existence, le spectacle de son cercueil et de sa tombe resterait-il sans influence sur vos cœurs ?

Appelés par vos fonctions à servir l'humanité, à soulager ses souffrances et ses douleurs, ah ! portez-y cet esprit large et ce cœur chaud que déjà montrait votre ami, et qui d'ailleurs a distingué tous les grands maitres de votre art. Ils comprenaient que si le bonheur suprême de l'homme est d'avoir, comme disait cet ancien, « une âme saine dans un corps sain, » la profession qui s'occupe de la santé du corps, est sœur de celle qui s'occupe de la santé

(1) Matthieu X, 30.
(2) Luc XXII, 42.

de l'âme. Ils étaient convaincus, et avec raison, que leur fonction est un *sacerdoce*, qu'ils étaient eux aussi *ministres de Dieu.* Car le vrai ministre de Dieu n'est pas précisément celui qui récite des prières et qui accomplit les rites du culte officiel. Le vrai ministre de Dieu est celui qui collabore avec Dieu, qui contribue, dans la mesure de ses facultés, à l'accomplissement des plans de Dieu. Or Dieu peut-il vouloir autre chose, si ce n'est que la somme des douleurs et des maux diminue, et que celle du bien-être et du bonheur augmente? Et n'êtes-vous pas chargés de participer à cette belle et grande tâche? Rendez-vous en dignes par le développement de votre caractère et de votre cœur, autant que par celui de votre intelligence. Devenez des hommes. Ayez des principes et des convictions, et restez-y fidèles, malgré le «qu'en dira-t-on». Que l'approbation de Dieu et de votre conscience vous soit toujours plus précieuse que celle des hommes!

Dans l'exercice de votre profession, la mort peut vous frapper, comme le soldat sur le champ de bataille. Mais qu'est la mort pour celui qu'elle atteint dans l'accomplissement du devoir? C'est l'heureux passage d'une sphère d'activité restreinte, à une sphère d'activité plus étendue: «Viens, bon et fidèle serviteur», vous dira la voix du Juge souverain, «tu as été fidèle en peu de chose: viens, je t'établirai sur beaucoup [1]!» Amen.

———oo⦂⦂oo———

(1) Matthieu XXV, 21.

PAROLES

PRONONCÉES SUR LA TOMBE.

———

Après une improvisation bien sentie de M. le professeur
Sédillot, directeur de l'Ecole impériale du service de santé
militaire, improvisation que nous avons le regret de ne
pouvoir reproduire, M. Treille, élève de 4ᵉ année, au nom
de tous ses camarades, s'exprime en ces termes :

Messieurs,

Pour la seconde fois, dans l'espace de trois ans, nous
venons rendre les derniers devoirs à l'un de nos camarades.

Eprouvés une première fois déjà, presque dès notre
entrée dans la carrière médicale, par la perte de l'un de
nos collègues, nous le sommes encore cruellement aujour-
d'hui par la mort d'un des meilleurs d'entre nous.

Comme collègue à plusieurs titres, et comme ami, je
ne veux point laisser se fermer cette tombe, sans vous

dire quelques mots de celui qui vécut si intimement avec nous pendant quatre ans.

Vous parlerai-je de Courbassier dans ses études médicales?

Chacun de nous sait, qu'à la veille de posséder le grade de docteur, si impatiemment attendu, au moment d'entrer au Val-de-Grâce, il y arrivait avec des titres pour un brillant avenir.

Esprit intelligent et distingué, Courbassier s'était fait remarquer dans nos concours ; dans tous ceux auxquels il avait pris part, le succès avait couronné ses efforts.

Arrivé l'an dernier aux fonctions d'aide d'anatomie près la Faculté, il semblait vouloir s'attacher plus spécialement à ces travaux ardus qui demandent une si longue pratique des amphithéâtres. C'est là qu'il a puisé le germe de la maladie qui devait lui être fatale. Nous l'avons tous vu passer huit ou neuf heures par jour dans cette atmosphère viciée, qui finit par user les plus robustes constitutions.

Reçu interne au dernier concours, ces nouvelles fonctions lui auraient permis de faire servir avec fruit, au lit du malade, les connaissances approfondies qu'il avait acquises dans ses travaux de prédilection.

Vous parlerai-je de Courbassier dans ses rapports journaliers avec nous?

Mieux que personne j'ai été à même d'apprécier toutes les excellentes qualités de son caractère. Chacun de nous

a pu voir quel empressement et même quel plaisir il avait
toujours à nous être utile, et comme il savait oublier les
torts que l'on pouvait avoir envers lui.

Et maintenant, cher camarade, que nous sommes sé-
parés pour jamais, si je ne puis te dire au revoir, je puis
au moins te promettre que ton souvenir vivra parmi nous,
et te dire, au nom de tous, adieu!

Adieu! cher camarade, adieu!

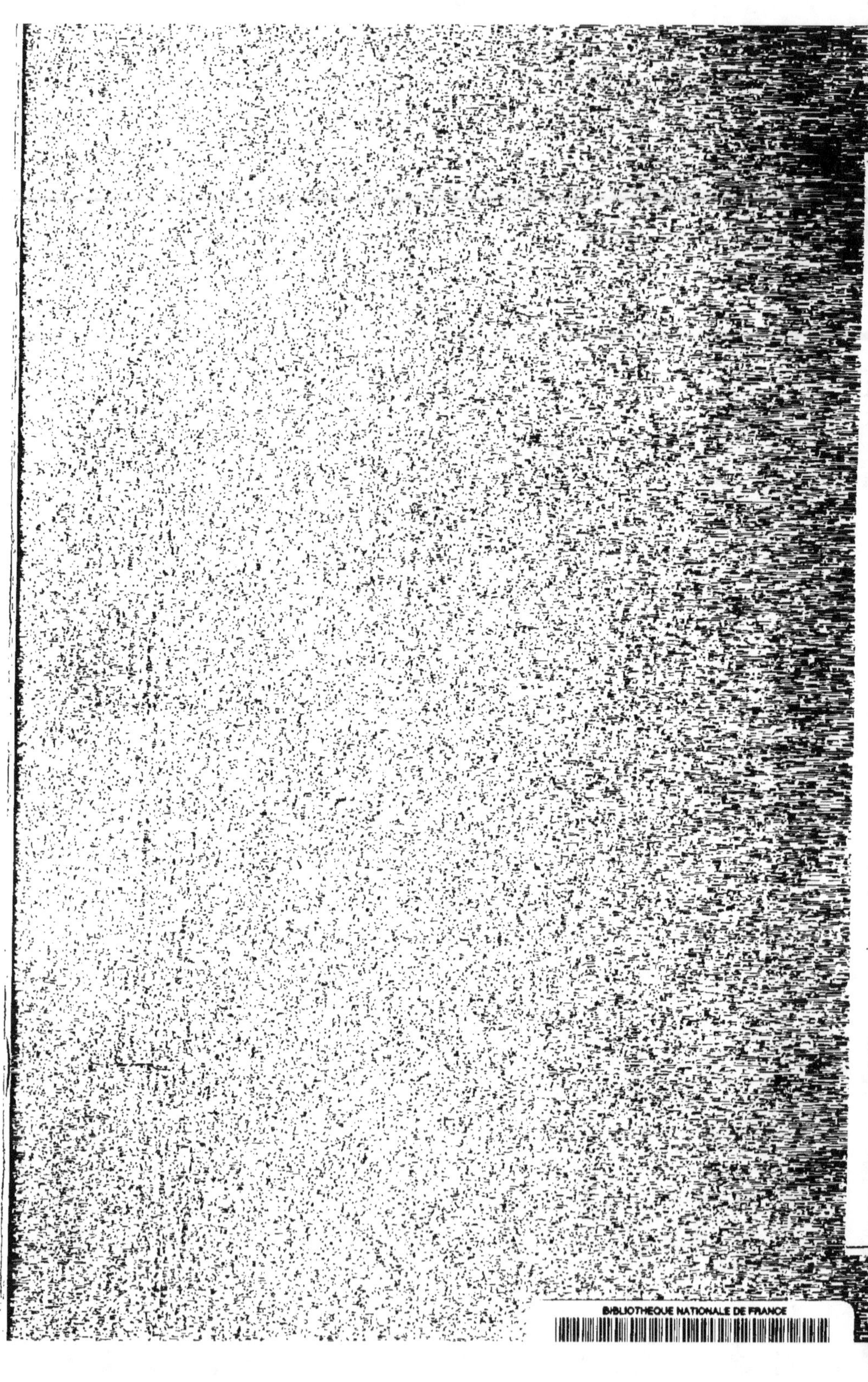

9 782012 473355